El Sol

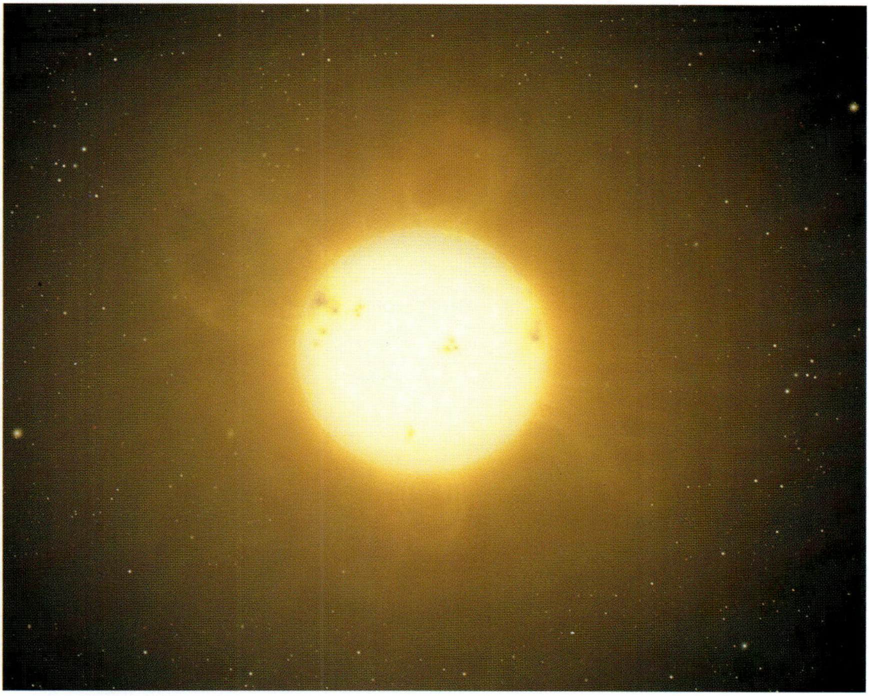

Anita Garmon

Contenido

# Introducción

La mayoría de los días, cuando nos despertamos, el Sol brilla en el cielo. Sentimos su calor. Disfrutamos de la luz que nos envía. Cuando las nubes cubren el cielo, lo echamos de menos.

Pero, ¿qué es el Sol? ¿De dónde salió? ¿Cómo apareció en el cielo?

Hace mucho tiempo, los seres humanos no sabían mucho del Sol. No sabían por qué aparecía de repente en la mañana. No sabían adónde iba el Sol durante la noche. Para explicar lo que ocurría en el cielo cada día y cada noche, inventaron historias.

3

Antiguos relatos sobre el Sol

Un cuento inuit

El pueblo inuit vive en Groenlandia, una fría isla en el norte del océano Atlántico. Los inuit contaban esta historia hace mucho tiempo.

El dios Luna y la diosa Sol eran hermanos. Un día, tuvieron una terrible pelea. La diosa Sol manchó de grasa oscura la cara de su hermano. Temerosa de lo que éste pudiera hacer, escapó al zcielo, tan lejos como pudo. Su hermano salió a perseguirla. Y todos los días, la persecución continúa. Por esa razón, el Sol comparte el cielo con la Luna.

Un cuento griego

Los **antiguos** griegos creían que había un dios del Sol, Helios. Cada día, Helios llevaba su carro de oro por el cielo. Salía de su palacio en el este y se dirigía a su palacio en el oeste. Durante su recorrido del día, su casco dorado despedía un brillo intenso, y de su pecho salía luz. Por la noche, regresaba a su palacio del este en una embarcación.

Un cuento inca

Los incas vivieron en América del Sur hace cientos de años. Llamaban al Sol *Inti,* que significa "luz". Los incas creían que, todas las noches, el Sol entraba en el océano. Después de nadar durante toda la noche, el Sol se levantaba descansado y subía al cielo.

 ¿Qué es el Sol?

Hoy sabemos que el Sol es una **estrella.** El Sol parece mucho más grande y brillante que otras estrellas porque está mucho más cerca. Aunque es la estrella más cercana, el Sol está a más de 90 millones de millas (150 millones de kilómetros) de distancia. ¡Eso es como dar 4,000 veces la vuelta a la Tierra!

Como todas las estrellas, el Sol es una gran bola de gases que se queman. Aunque parece redondo y sólido, está en continua ebullición y no para de cambiar.

Sabemos que el Sol es muy caliente porque podemos sentir su calor desde muy lejos. Los científicos pueden calcular la **temperatura** de una estrella por su color. Han averiguado que la temperatura de la superficie solar es de unos 10,000° F (5,500° C). ¡Eso es 20 veces más caliente que un horno de pizza!

El Sol es aún más caliente en su centro. Ahí la temperatura puede alcanzar los 27 millones° F (15 millones° C). ¡Eso es 50,000 veces más caliente que un horno de pizza!

Los científicos piensan que el Sol tiene una edad de 4,600 millones de años, y creen que seguirá brillando otros 5,000 millones de años. Después, empezará a morir. Irá perdiendo intensidad y se convertirá en una bola oscura de ceniza no mucho más grande que la Tierra.

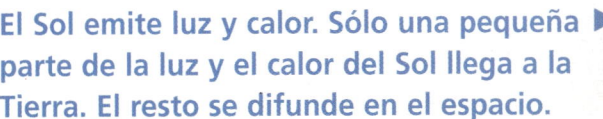

El Sol emite luz y calor. Sólo una pequeña ▶ parte de la luz y el calor del Sol llega a la Tierra. El resto se difunde en el espacio.

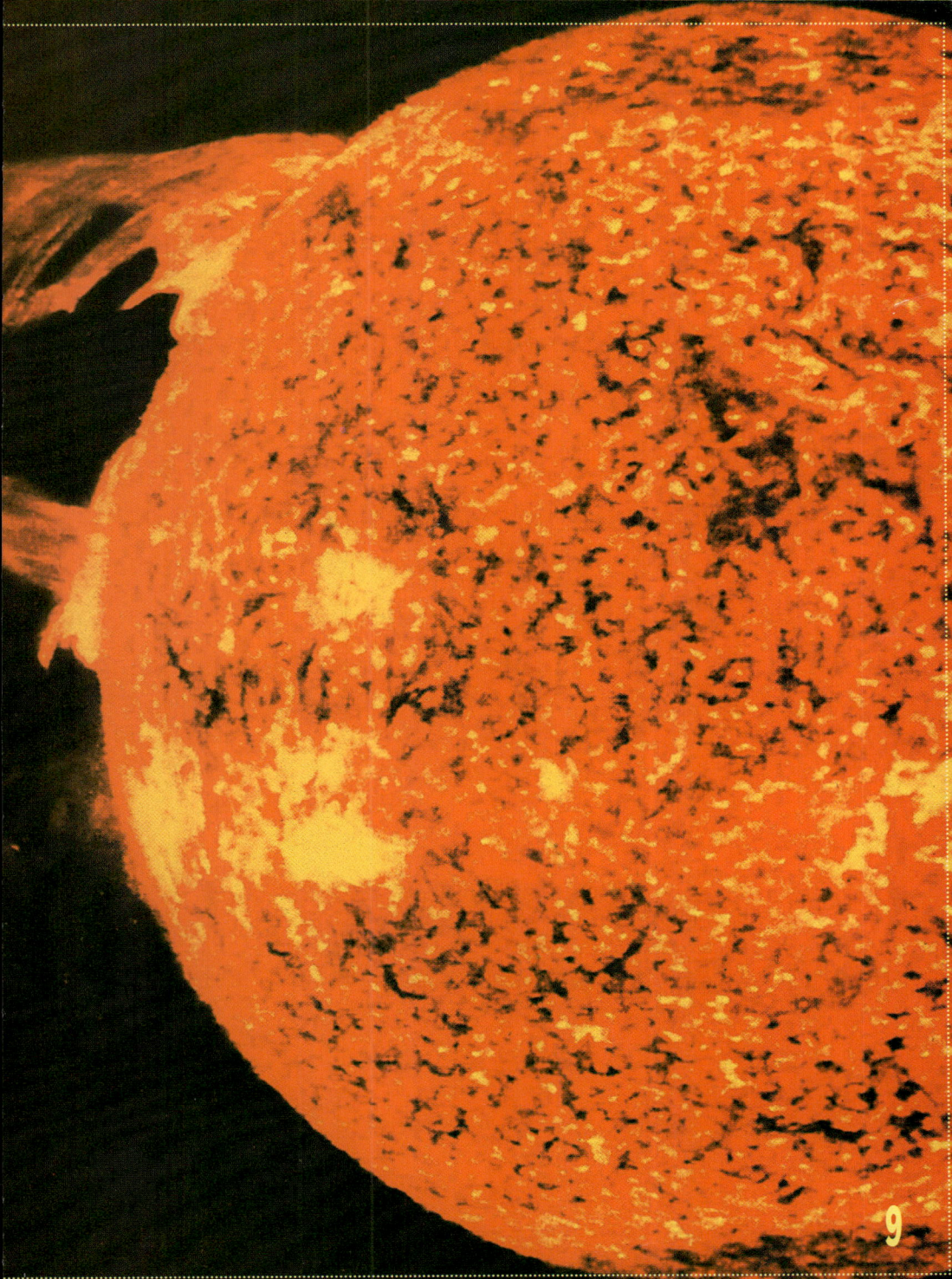

9

Nuestro sistema solar

La Tierra es sólo uno de los cuerpos que giran alrededor del Sol. Este grupo de **planetas** y de otros cuerpos que giran alrededor del Sol recibe el nombre de **sistema solar.** El Sol está en el centro del sistema solar.

En el sistema solar hay ocho planetas, que se desplazan alrededor del Sol siguiendo unos caminos llamados **órbitas.** La Tierra es el tercer planeta en distancia al Sol. Los planetas Mercurio y Venus están más cerca del Sol que la Tierra. Los planetas Marte, Júpiter, Saturno, Urano y Neptuno están más lejos del Sol.

Neptuno

Urano

Saturno

Los planetas más cercanos al Sol son mucho más calientes que los que están lejos del Sol. Mercurio es el planeta más caliente y Neptuno el más frío. La distancia de la Tierra al Sol hace que se mantenga la temperatura ideal para los seres vivos.

▼ Los planetas de nuestro sistema solar giran alrededor del Sol.

Mercurio

Venus

Tierra

Marte

Júpiter

11

 # ¿Por qué es importante el Sol?

Sin el Sol no habría vida en la Tierra. La Tierra sería una roca fría y negra en el espacio. La luz y el calor del Sol hacen posible que la Tierra acoja a millones de seres vivos.

El Sol calienta la Tierra. Plantas y animales necesitan temperaturas que no sean ni muy calientes ni muy frías. El Sol proporciona la cantidad justa de calor para que las temperaturas sean las adecuadas para plantas y animales. Si la Tierra estuviera más cerca del Sol, las temperaturas serían demasiado altas para que hubiera vida. Si estuviera más alejada del Sol, las temperaturas serían demasiado bajas.

Plantas y animales necesitan alimento para vivir y crecer. Las plantas verdes absorben la luz solar y la convierten en alimento. Después, los animales comen plantas para obtener el alimento que precisan para vivir y crecer.

 # ¿Por qué hay días y noches?

Gracias al Sol, la Tierra tiene día y noche. Cada mañana, el Sol sale por el este. El cielo se aclara, y comienza el día. El Sol sube en el cielo hasta llegar a mediodía al punto más alto.

Por la tarde, el Sol baja en el cielo. Al anochecer, el Sol se oculta por el oeste. El cielo se oscurece, y comienza la noche.

Parece como si el Sol se desplazara en el cielo. Sin embargo, es realmente la Tierra la que se mueve, no el Sol. La Tierra está **rotando,** o girando como una peonza. La Tierra tarda un día, o 24 horas, en completar una rotación.

El Sol siempre brilla, pero sólo alumbra una mitad de la Tierra. La otra mitad está oscura. A medida que se produce la rotación de la Tierra, diferentes partes de nuestro planeta están de cara al Sol. Cuando la parte de la Tierra donde viven está de cara al Sol, es de día. Cuando su parte de la Tierra está de espaldas al Sol, es de noche. Cuando ustedes están almorzando, ¿qué creen que están haciendo las personas que viven en el otro lado de la Tierra?

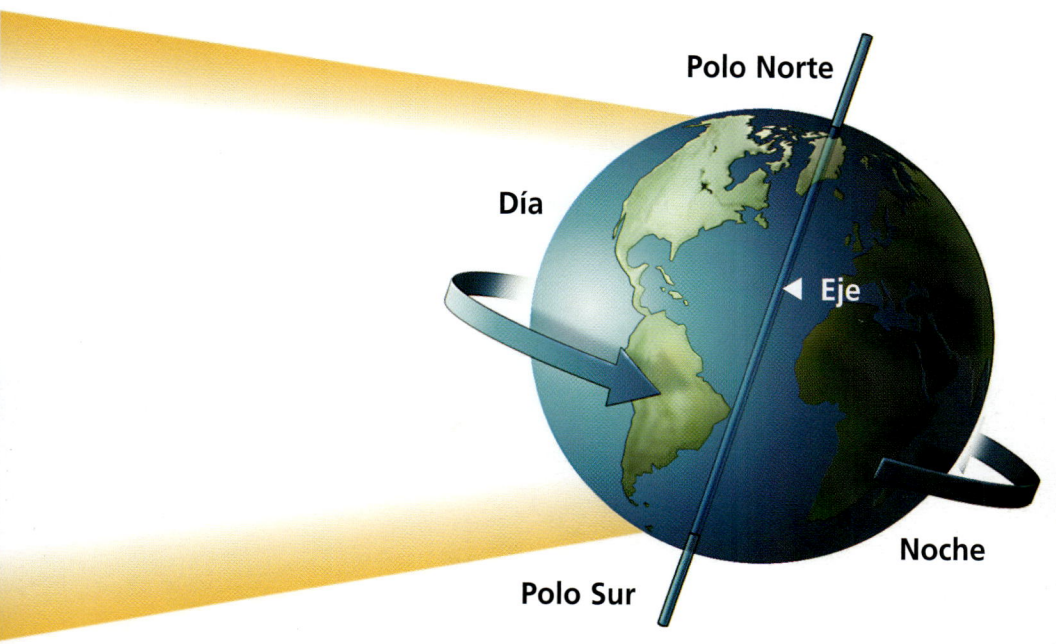

▲ La Tierra rota alrededor de una línea imaginaria que pasa por su centro. Esta línea recibe el nombre de eje, y va del Polo Norte al Polo Sur.

 # ¿Por qué hay estaciones?

El Sol también es la causa de las **estaciones.** En muchas partes de la Tierra, el número de horas de luz cambia con las estaciones. Los días empiezan a alargarse en primavera. Cuando llega el verano hay muchas horas de luz, y el Sol está muy alto en el cielo. Cuando llega el otoño, los días empiezan a acortarse. Los días más cortos del año son los del invierno.

▲ Verano

▲ **Primavera**

▼ **Invierno**

▲ **Otoño**

17

...ra, alrededor del Sol. Tarda un año ...tar ese giro. La Tierra tiene estaciones ...je está inclinado. La Tierra siempre se inclina ...misma dirección mientras gira alrededor del Sol.

Miren el dibujo. Como pueden ver, diferentes partes de la Tierra se inclinan hacia el Sol mientras la Tierra completa su órbita. La cantidad de luz solar que llega a la parte norte y a la parte sur de la Tierra cambia dependiendo de dónde esté la Tierra en su órbita anual. Eso hace que las estaciones cambien.

Cuando es invierno donde ustedes viven, su parte de la Tierra está alejada del Sol. Por eso, tienen menos luz y menos calor. Durante el verano, su parte de la Tierra está inclinada hacia el Sol, y recibe más luz y calor.

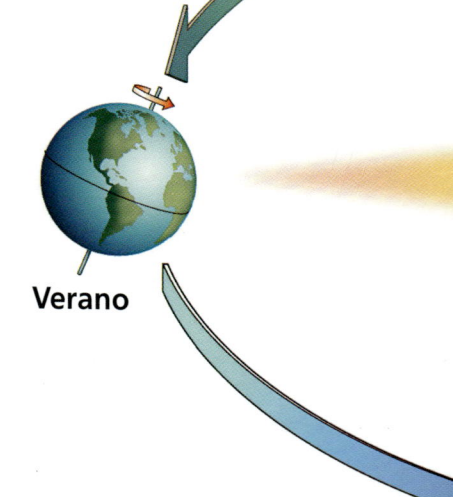

Verano

La Tierra tarda 365 días y ¼ , o un año, ▲ en completar su órbita alrededor del Sol.

Alrededor del centro de la Tierra hay una línea imag
llamada **ecuador.** El ecuador separa la parte norte de la Tie
de la parte sur. Cuando es verano en la parte norte de la
Tierra, es invierno en la parte sur. Por esa razón, es invierno
en América del Norte cuando es verano en Australia.

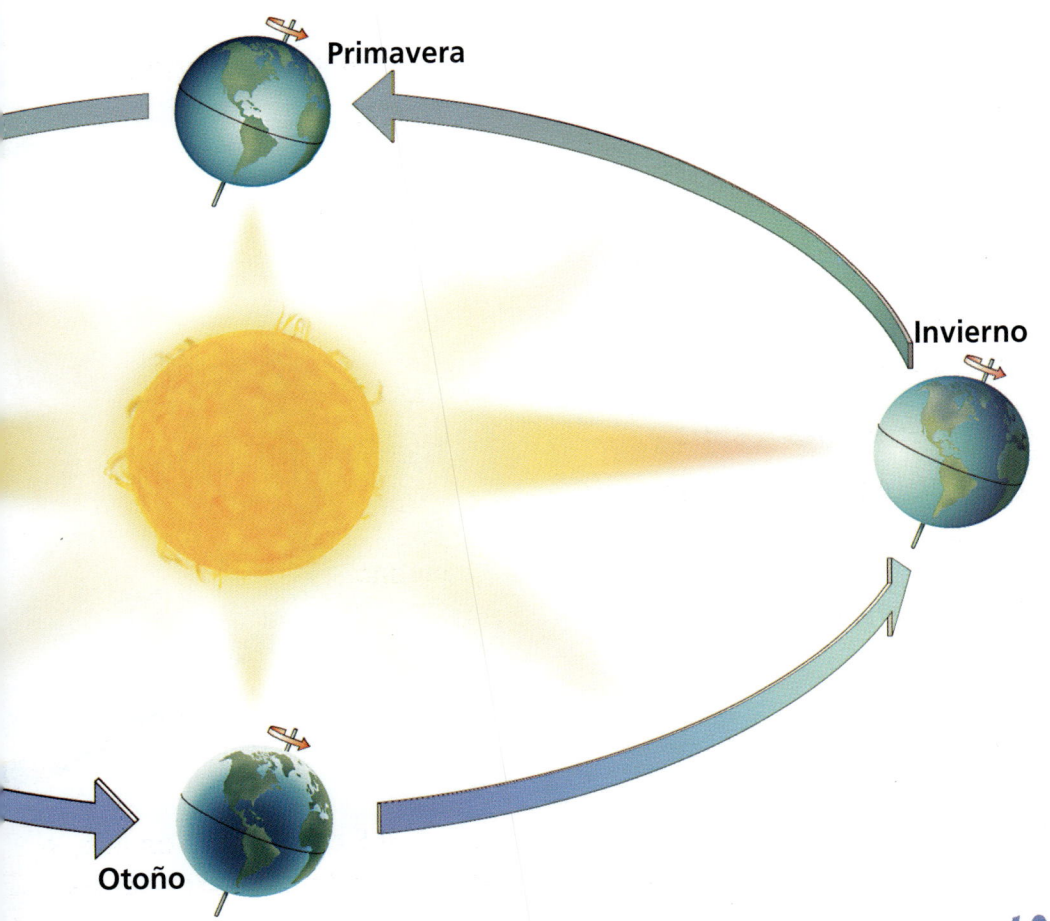

Primavera

Invierno

Otoño

...udio del Sol

...nos muchas más cosas del Sol que antes.
Pero ... hay mucho por aprender. Los científicos siguen
estudiando el Sol de muchas maneras diferentes.

Los científicos han construido **telescopios** especiales para
mirar el Sol. Son los llamados telescopios solares. Están
hechos para proteger los ojos de los cegadores rayos del Sol.
Nunca deben mirar al Sol directamente. Sus rayos pueden
causarles lesiones, o incluso dejarlos ciegos.

▼ El telescopio solar McMath-Pierce es el mayor telescopio solar del mundo.

Para estudiar el Sol desde el espacio, los científicos han enviado telescopios solares. Estos telescopios mandan a la Tierra fotografías del Sol. Las fotografías muestran partes del Sol que nunca antes se habían visto. Aún quedan muchos misterios por descubrir sobre el Sol.

▲ **La estación espacial Skylab llevaba telescopios para observar el Sol.**

atos sobre el Sol

Distancia media a la Tierra
93 millones de millas
(150 millones de kilómetros)

Temperatura en la superficie
10,000° F (5,500° C)

Temperatura en el centro
27 millones° F (15 millones° C)

Edad
4,600 millones de años

Glosario

antiguos   que existieron hace mucho tiempo

ecuador   línea imaginaria que rodea la Tierra por su centro y separa la mitad norte y la mitad sur del planeta

eje   línea imaginaria alrededor de la cual rota la Tierra

estaciones   periodos del año, como la primavera, el verano, el otoño y el invierno

estrella   bola de gases que se queman en el espacio, que en el cielo nocturno parece un punto brillante

órbita   camino que sigue un objeto alrededor de otro

orbitar   seguir una órbita alrededor de un objeto

planeta   cuerpo de gran tamaño que orbita alrededor de una estrella

rotar   girar sobre un eje

sistema solar   el Sol, y los planetas, lunas y otros cuerpos que orbitan a su alrededor

telescopio   instrumento que hace que los objetos lejanos parezcan más grandes

temperatura   cantidad de calor

▲ **Primavera**

▼ **Invierno**

▲ **Otoño**

17

La Tierra **orbita,** o gira, alrededor del Sol. Tarda un año entero en completar ese giro. La Tierra tiene estaciones porque su eje está inclinado. La Tierra siempre se inclina en la misma dirección mientras gira alrededor del Sol.

Miren el dibujo. Como pueden ver, diferentes partes de la Tierra se inclinan hacia el Sol mientras la Tierra completa su órbita. La cantidad de luz solar que llega a la parte norte y a la parte sur de la Tierra cambia dependiendo de dónde esté la Tierra en su órbita anual. Eso hace que las estaciones cambien.

Cuando es invierno donde ustedes viven, su parte de la Tierra está alejada del Sol. Por eso, tienen menos luz y menos calor. Durante el verano, su parte de la Tierra está inclinada hacia el Sol, y recibe más luz y calor.

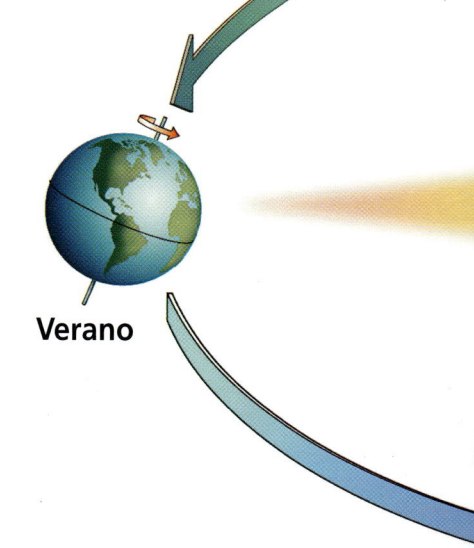

Verano

La Tierra tarda 365 días y ¼ , o un año, ▲ en completar su órbita alrededor del Sol.

Alrededor del centro de la Tierra hay una línea imaginaria llamada **ecuador.** El ecuador separa la parte norte de la Tierra de la parte sur. Cuando es verano en la parte norte de la Tierra, es invierno en la parte sur. Por esa razón, es invierno en América del Norte cuando es verano en Australia.

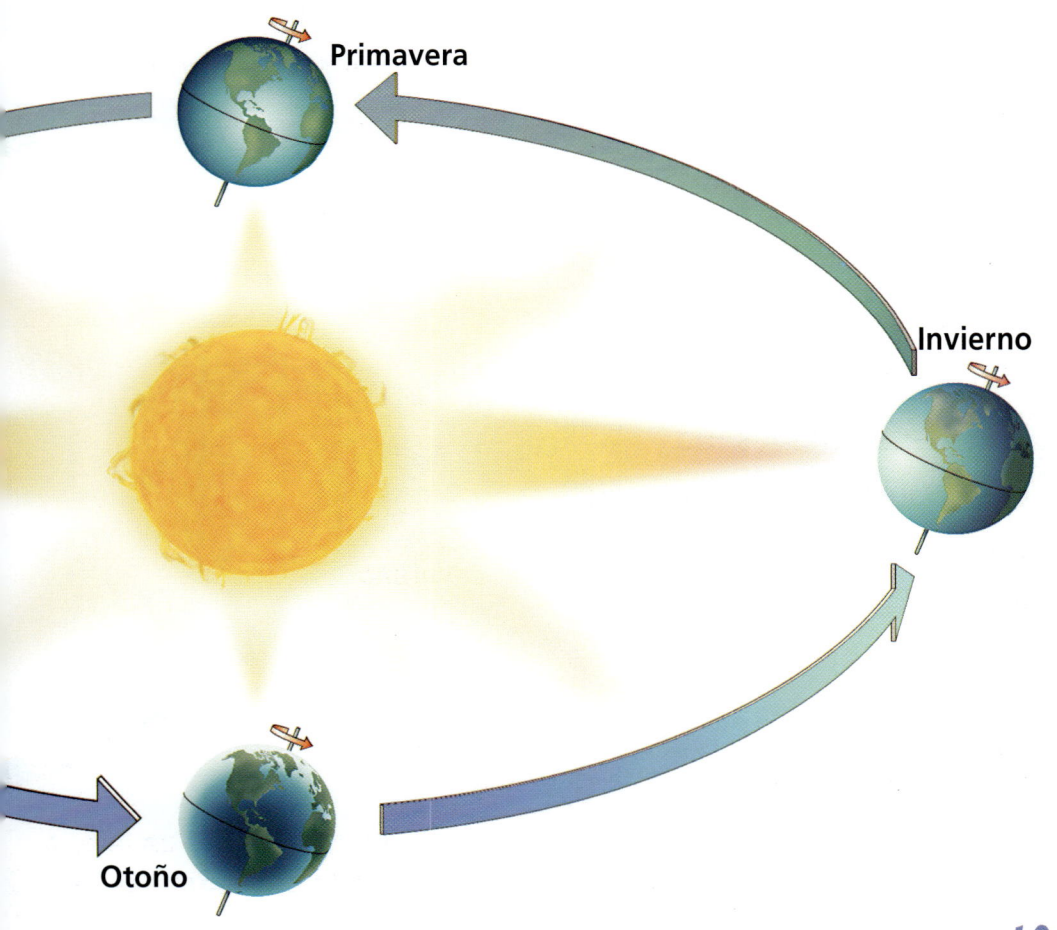

El estudio del Sol

Ahora sabemos muchas más cosas del Sol que antes.
Pero aún hay mucho por aprender. Los científicos siguen
estudiando el Sol de muchas maneras diferentes.

Los científicos han construido **telescopios** especiales para
mirar el Sol. Son los llamados telescopios solares. Están
hechos para proteger los ojos de los cegadores rayos del Sol.
Nunca deben mirar al Sol directamente. Sus rayos pueden
causarles lesiones, o incluso dejarlos ciegos.

▼ El telescopio solar McMath-Pierce es el mayor telescopio solar del mundo.

Para estudiar el Sol desde el espacio, los científicos han enviado telescopios solares. Estos telescopios mandan a la Tierra fotografías del Sol. Las fotografías muestran partes del Sol que nunca antes se habían visto. Aún quedan muchos misterios por descubrir sobre el Sol.

▲ La estación espacial Skylab llevaba telescopios para observar el Sol.

Datos sobre el Sol

Distancia media a la Tierra
93 millones de millas
(150 millones de kilómetros)

Temperatura en la superficie
10,000° F (5,500° C)

Temperatura en el centro
27 millones° F (15 millones° C)

Edad
4,600 millones de años

Glosario

antiguos   que existieron hace mucho tiempo

ecuador   línea imaginaria que rodea la Tierra por su centro y separa la mitad norte y la mitad sur del planeta

eje   línea imaginaria alrededor de la cual rota la Tierra

estaciones   periodos del año, como la primavera, el verano, el otoño y el invierno

estrella   bola de gases que se queman en el espacio, que en el cielo nocturno parece un punto brillante

órbita   camino que sigue un objeto alrededor de otro

orbitar   seguir una órbita alrededor de un objeto

planeta   cuerpo de gran tamaño que orbita alrededor de una estrella

rotar   girar sobre un eje

sistema solar   el Sol, y los planetas, lunas y otros cuerpos que orbitan a su alrededor

telescopio   instrumento que hace que los objetos lejanos parezcan más grandes

temperatura   cantidad de calor

Índice